CATALOGUE

D'UNE COLLECTION DE

MONUMENTS ANTIQUES

Vases peints, Marbres, Pierres gravées
Bronzes, Terres cuites, Objets du Moyen Age
de la Renaissance, etc.

DONT LA VENTE AUX ENCHÈRES PUBLIQUES AURA LIEU

HOTEL DROUOT, SALLE Nº 3, AU 1er ÉTAGE

Le Mercredi 20 Avril 1881, et jours suivants

A DEUX HEURES PRÉCISES

Par le ministère de Mᵉ **DELESTRE**, commissaire-priseur,
rue Drouot, 27

Assisté de MM. **ROLLIN** et **FEUARDENT**, experts
rue de Louvois, 4

Chez lesquels se distribue le Catalogue

EXPOSITIONS

PARTICULIÈRE, *le Lundi 18 avril, de 2 heures à 5 heures.*
PUBLIQUE, *le Mardi 19 avril, de 1 heure à 5 heures.*

PARIS — 1881

Collection de M. de Bammeville

—

CATALOGUE

DE

MONUMENTS ANTIQUES

DE LA RENAISSANCE, ETC.

CONDITIONS DE LA VENTE

Elle sera faite expressément au comptant.

Les acquéreurs paieront *cinq pour cent* en sus des adjudications, applicables aux frais de vente.

PARIS. — IMPRIMERIE ALCAN-LÉVY, 61, RUE DE LAFAYETTE.

CATALOGUE

D'UNE COLLECTION DE

MONUMENTS ANTIQUES

Vases peints, Marbres, Pierres gravées
Bronzes, Terres cuites, Objets du Moyen Age
de la Renaissance, etc.

DONT LA VENTE AUX ENCHÈRES PUBLIQUES AURA LIEU

HOTEL DROUOT, SALLE N° 3, AU 1er ÉTAGE

Le Mercredi 20 Avril 1881, et jours suivants

A DEUX HEURES PRÉCISES

Par le ministère de Me DELESTRE, commissaire-priseur,
rue Drouot, 27

Assisté de MM. ROLLIN et FEUARDENT, experts
rue de Louvois, 4

Chez lesquels se distribue le Catalogue

EXPOSITIONS

PARTICULIÈRE, le Lundi 18 avril, de 2 heures à 5 heures.
PUBLIQUE, le Mardi 19 avril, de 1 heure à 5 heures.

PARIS — 1881

La Collection dont la vente a été confiée à nos soins est, depuis longtemps, connue des amateurs sérieux ; tout le monde, d'ailleurs, a pu l'admirer, en 1878, à l'Exposition du Trocadéro.

Bien qu'une grande partie des objets qui composent cette collection ait été réunie pendant ces dix dernières années, M. de Bammeville est néanmoins un de nos plus anciens collectionneurs parisiens. On retrouvera, dans sa vente, nombre de pièces que l'on croyait dispersées depuis longtemps, par exemple la magnifique coupe nº 216, qu'il possède depuis plus de trente ans.

Il nous serait impossible d'indiquer ici toutes les pièces remarquables ; nous nous contenterons de citer les objets réellement hors ligne qui seront vendus chaque jour, entre 3 et 4 heures de l'après-midi.

Nous n'avons pas suivi la marche ordinaire dans la description des sujets, aussi retrouvera-t-on souvent les mêmes divinités à une certaine distance les *unes des autres. Nous avons cru plus intéressant de classer, autant que possible, les bronzes, les marbres et les terres cuites, suivant un ordre chronologique.*

Nous en avons excepté les terres cuites de Tanagra, qui forment un groupe à part et qui représentent généralement des sujets de la vie usuelle à une même époque.

Notes des pièces les plus importantes qui seront vendues vers trois heures, dans chaque vacation

1° Mercredi, 20 avril : 9, 11, 33, 36, 79, 82, 103, 110, 119, 163, 164, 165, 166, 167, 171, 175, 178, 216, 238.

2° Jeudi, 21 avril : 4, 5, 6, 24, 47, 62, 79, 83, 87, 111, 121, 122, 169, 172, 173, 176, 177, 237, 247.

3° Vendredi, 22 avril : 7, 16 bis, 19, 35, 39, 43, 70, 77, 14, 113, 128, 170, 185, 299 à 308.

MONUMENTS ANTIQUES

DE LA RENAISSANCE, ETC.

---

1 — Bronzes antiques

EGYPTIENS

1. Bœuf Apis. Disque et uréus entre les deux cornes, traces d'inscriptions sur la base.

Haut. et long., 12 cent.

2. Épervier posé sur une base qui a servi de boîte pour la momie de l'oiseau.

Haut. totale et long., 12 cent.

3. Statuette.— Isis assise, avec le jeune Horus sur ses genoux; elle porte sur la tête le disque placé entre deux cornes de vache. Belle statuette égyptienne.

Haut., 21 cent.

4. Statuette. — Isis marchant, tenant de la main droite un serpent; la main gauche devait tenir un sistre.

Cette statuette, d'une grande dimension, est d'un effet extra-

ordinaire, le style paraît être le la meilleure époque
égypto-grecque, le mouvement est très remarquable, la
patine, d'un beau vert, est un peu rugueuse.

Haut., 57 cent.

ASSYRIENS?

5. Lion debout, les cuisses et les épaules couvertes d'ornements gravés en creux.

Haut. 11 cent.; long. 17 cent.;

6. Buste de femme à ailes d'oiseau, très finement gravées à la
pointe.

Haut., 8 cent.; long., 23 cent.

Ces deux bronzes, d'un très grand caractère, ont vraisem-
blablement été trouvés à Van, dans la grande Arménie.
Ils ont fait partie de l'ornementation de quelque grand
lébès, comme ceux qui servaient pour la table des rois
d'Assyrie (voir les bas-reliefs.)

Deux oiseaux à tête de femme, semblables à notre n° 6 (sauf
pour certains détails gravés à la pointe, qui varient), ont
été figurés et décrits en 1871, dans les *Mélanges asiati-
ques du Bulletin de l'Académie impériale de Saint-
Pétersbourg*, p. 491 et suiv. (Article de M. de Long-
périer.)

La provenance de Van indiquée pour ceux-là, donne lieu
de croire que ces bronzes, antérieurs à la conquête de
l'Arménie par le roi d'Assyrie, Saryon (721-704 avant
Jésus-Christ), sont l'œuvre des Alarodiens dont parle
Hérodote.

Le lion servait de poignée au couvercle; les oiseaux à tête

de femme, appliqués au sommet de la panse du *lébès*, fournissaient une attache pour l'anse mobile, et une main pour remuer le vase sur la table.

Haut., 8 cent.; long., 23 cent.

GRECS ET ROMAINS

7. Statuette. — Minerve debout, la tête couverte d'un casque uni, les cheveux formant deux bandeaux, sont ensuite ramenés derrière la tête en une seule natte.

Les traits de la figure offrent un caractère de douceur très remarquable, le buste est recouvert d'une égide finement gravée, les draperies dont elle est vêtue sont du meilleur style.

Cette figure, encore un peu archaïque, est certainement du commencement de la belle époque de l'art grec; les statuettes de ce style, sont d'une excessive rareté. Les deux mains manquent.

Haut. avec un socle antique, 11 cent.

8. Statuette. — Minerve combattant, la tête recouverte d'un casque à grand cimier, égide et tunique présentant encore des traces d'ornementations. Bon travail du ve siècle, belle patine.

Haut., 17 cent.

9. Miroir. Le manche est formé par une statuette de femme (l'Espérance?) tenant une fleur de la main droite, et de la gauche relevant sa robe; le disque, dont le pourtour est orné de deux rosaces et de deux lapins, et le sommet, d'une syrène, est soutenu par deux génies ailés.

Miroir corinthien d'un très beau style. Belle patine vert clair.

Haut., 37 cent.

10. **Statuette.** — Apollon nu, marchant, très ancien style d'Étrurie. Belle patine verte.

Haut., 10 cent.

10 bis. **Statuette.** — Petit génie ayant fait partie de la décoration d'un miroir corinthien. Cette statuette est fine et d'un joli style.

Haut., 9 cent.

11. **Statuette.** — Poignée de ciste. Acrobate. Beau travail étrusque.

Long., 7 cent.

11 bis. **Statuette.** — Vénus debout. La déesse, entièrement nue, est coiffée d'un bandeau; les yeux sont en émail. Le bras droit est levé à la hauteur de la tête, la main fermée; le bras gauche qui était baissé manque, ainsi que la jambe gauche à partir du genou.

Le style de cette statuette est vraiment admirable, c'est un bronze de la plus belle époque grecque, peut-être le plus beau qui ait été mis en vente à Paris, depuis la vente Pourtalès.

Haut., 43 cent.

12. Petite tête de panthère en argent, d'un superbe style grec archaïque.

Haut., 15 mill.

13. Mascaron de vase. Tête de satyre, posée sur une feuille d'acanthe, très belle patine verte.

Haut., 3 cent.

14. Mascaron de vase. Masque scénique. Tête de femme.
Haut., 3 cent.

15. Mascaron de vase. Tête de guerrier, le casque a pour cimier un dragon.
Haut., 3 cent.

16. Anse de vase. Au haut, une tête de bélier; au bas, un guerrier blessé, entourant sa jambe droite d'une bandelette. Ce objet, d'ancien style, est rare et bien conservé.
Long., 22 cent.

16 bis. Pied formé d'une griffe surmontée d'une tête de lion cornue et ailée. Très beau style grec.
Haut., 14 cent.; larg., 19.

17. Statuette. — Apollon, nu, debout; les extrémités des deux bras manquent. Belle statuette avec patine verte.
Haut., 18 cent.

18. Vénus pudique. La tête qui est très fine, est coiffée d'un diadème, le bras gauche et le pied gauche manquent.
Figure d'un bon style et d'une belle patine.
Haut., 17 cent., y compris le socle antique.

19. Statuette. — Hercule, jeune, nu, debout, la tête couverte de la peau du lion. Fragment de la massue dans la main droite, et de l'arc dans la gauche. Travail très fin de la grande Grèce.
Haut., 17 cent.

20. Statuette.— Hercule bibax, coiffé de la peau du lion; il tient de la main droite un vase, la gauche levée s'appuyait sur un sceptre.
Les deux pieds manquent; représentation très rare et d'un beau travail.
Collection Paravay, n° 306.
Haut., 8 cent.

21. Statuette. — Hercule debout; la peau du lion, jetée sur l'épaule gauche, entoure aussi le bras qui tient une massue; le bras droit, tendu en avant, devait tenir un attribut qui a disparu.

Très belle patine vert clair. Statuette romaine du temps de Commode.

(Cette figure aurait dû être placée après le n° 170.)

Haut., 21 cent.

22. Applique. Buste ailé de la Victoire tenant de la main gauche une palme; la droite tenait une couronne. Figure trouvée en Grèce, d'un bon style.

Haut., 14 cent.

23 bis. Statuette. — Une des filles de Niobé, marchant. Les draperies sont d'un très grand style. Manquent les deux bras. Cette figure devait faire partie d'un grand groupe, Asie Mineure.

Haut., 19 cent.

23 bis. Statuette. — Personnage étrusque debout, la tête couverte d'un chapeau rond; la main droite est tendue en avant et la gauche relève une tunique fort serrée qui le recouvre.

Haut., 10 cent.

24. Fragments d'un très grand vase se composant de l'orifice, la base et trois anses; l'une d'elles représente une sirène posée sur un ornement très finement découpé; le tout patiné vert clair et d'un travail d'art très remarquable; ces fragments sont renfermés dans un écrin.

25. Pied de ciste. Buste ailé de Silène vu à mi-corps, posé sur

une patte d'animal surmontée de feuilles. Grande
Grèce.

Haut., 8 cent.

26. Applique. Tête de lion de face. Bon travail d'Asie.

Haut., 6 cent.

27. Fragment. Tête de panthère, beau travail d'Asie Mineure.

Haut., 4 cent.

28. Miroir grec avec manche orné de feuilles d'acanthe; au
revers du miroir poli, une petite applique très fine, représentant la tête de Méduse.

Haut. totale, 25 cent.

28 bis. Boîte de miroir de la grande Grèce.

Bacchus jeune, portant un thyrse sur l'épaule, soutenu par
l'Amour; il est précédé d'une jeune femme jouant de la
lyre.

Diam., 13 cent.

29. Buste de Pâris, coiffé d'un bonnet phrygien tout incrusté
d'argent; les yeux sont aussi en argent. Objet rare d'un
beau style grec.

Haut., 45 mill.

30. Buste de Minerve. Les yeux incrustés d'argent; le devant
du casque représente une tête de face, et le sommet est
surmonté d'un sphinx. Très beau style grec, belle
patine.

Collection Paravay, n° 294.

Haut., 7 cent.

31. Buste de Minerve. Les yeux incrustés d'argent, la poitrine

couverte de l'égide; un sphinx soutient le cimier du casque. Beau style grec.

Collection Paravay, n° 293.

Haut., 7 cent.

32. Buste d'un jeune faune, le corps à demi couvert d'une peau de daim. Très belle applique.

Haut., 12 cent.

33. Applique. Chien marchant à droite avec un collier.

Cette statuette est d'une excessive finesse, les traits de l'animal et jusqu'à ses poils, sont faits avec le plus grand détail.

Cet objet, très rare, est d'un excellent style, de la plus belle époque de l'art grec; la patine est en outre très belle.

Haut., 11 cent.

33 bis. Tête de Diane, la face bien complète; mais le derrière de la tête a été brisé. Piece d'un grand style.

Haut., 15 cent.

34. Applique. Buste de Bacchante, le tête ceinte de lierre, une guirlande de la même plante sur la poitrine. Beau style du iiie siècle.

Haut., 11 cent.

35. Grand masque de face. Tête de Bacchante coiffée d'un diadème, ainsi que de pampres qui entourent la figure d'une façon fort gracieuse. Beau style et belle patine, pièce importante.

Haut., 18 cent.; larg., 24 cent.

35 bis. *Simpule* de forme élégante, ayant une petite tête de mulet au haut du manche.

Haut., 25 cent.

36. **Lampe.** — Formée d'une figure d'homme couché et appuyé sur un vase; ce personnage aux traits anguleux et expressifs, est complètement chauve, le corps est extrêmement maigre et d'une anatomie vraiment surprenante ; il est impossible de trouver un travail d'art plus remarquable, un style plus fin et plus pur. Cet objet, qui vient de la grande Grèce a, en outre, une belle patine.

Haut., 6 cent.; long., 18 cent.

37. **Statuette.** — Pygmée nu, Ithyphallique ; manquent les deux bras ; très beau travail.

Haut. avec la base antique, 16 cent.

38. **Statuette.** — Figure ithyphallique, debout, la tête recouverte d'une sorte de capuchon, le corps vêtu d'une longue robe qu'il relève par-devant pour porter un grand nombre de fruits. Très curieuse figure; la tête est très expressive et le travail très fin. Bonne patine.

Haut., 9 cent.

39. **Statuette.** — Personnage ithyphallique accroupi, les deux bras enveloppés dans un vêtement relevé à la hauteur des reins; la tête entièrement chauve est surmontée d'un phallus recourbé, formant anneau. Cette figure, d'un bon style et d'une expression des plus curieuses a dû servir de poids. Grande Grèce.

Haut., 15 cent.

40. **Couvercle de vase ?** — Avec rainures formant coulisse. Tête chauve d'un personnage grotesque. Bon style.

Haut., 5 cent.

41. **Statuette.** — Mercure assis, la main gauche tient une bourse, la droite tenait un caducée.

Cette statuette, d'une très petite dimension, est pourtant d'une grande finesse, ce qui est fort rare.

Haut., 5 cent.

42. Statuette. — Mercure nu, debout, tenant une bourse dans la main droite levée, l'autre tenait le caducée baissé. Grande Grèce.

Haut., 11 cent.

43. Statuette. — Jupiter, debout, lançant la foudre de la main droite, la gauche tendue en avant. Statuette d'un très beau style, avec un très joli piédestal moderne en bronze finement ciselé.

Haut. de la statuette, 16 cent.

44. Statuette. — Vénus, debout, arrangeant ses cheveux des deux mains. Statuette bien complète, fine, élégante, et d'une très bonne époque.

Haut., 17 cent.

45. Statuette. — Bacchus? jeune, debout, entourant sa tête d'une guirlande de feuilles. Représentation très rare, très bonne époque.

Haut., 13 cent, avec son socle antique.

46. Buste de Minerve, avec la tête de Méduse sur la poitrine. Bon style et belle patine.

Haut., 5 cent.

47. Poids antique. — Buste de Minerve avec la tête de Méduse sur la poitrine. Beau travail et belle patine. Grande Grèce?

Haut., 12 cent.

48. Poids antique. — Buste jeune, drapé, la tête ceinte de

lierre et recouverte d'une très petite coiffure plate sur
laquelle est fixé l'anneau du poids. Grande Grèce. Beau
style.

Haut., 10 cent.

49. Vase de bain. Buste d'un esclave. — Le vase est très complet
avec son bouchon et la chaîne servant à le suspendre.
Grande Grèce.

Haut., 15 cent.

50. Statuette. — La Fortune debout, appuyée sur une colonne,
la tête coiffée du lotus, tenant de la main gauche une
corne d'abondance et la droite posée sur un gouvernail.
Beau travail égypto-romain.

Haut., 11 cent.

51. Buste à mi-corps de l'Oronte nageant; ce joli buste a dû
être placé aux pieds d'une figure de la ville d'Antioche
assise.

Haut., 6 cent.

52. Vase de bain. — Tête d'un jeune guerrier avec un casque
rond et uni; type très rare, belle patine.

Haut., 7 cent.

53. Tête de Méduse, ayant servi d'applique. — Travail d'Asie
Mineure.

Haut., 7 cent.

54. Trépied très élégant supporté par trois pattes de lion et
orné de feuillage. — Collection Paravay, n° 315.

Haut., 13 cent.

55. Anse de vase. En haut, un serpent; en bas, masque de
Silène.

Long., 15 cent.

56. Petit sanglier trouvé aux environs de Naples.

Haut., 3 cent.

2

57. **Pied de siège.** — Le haut est orné d'un génie ailé sortant d'un fleuron et versant des parfums dans une patère ; le bas du pied est formé d'une jambe de lion posée sur un crapaud. Très belle pièce bien complète, de la collection. Paravay, n° 319.

Long., 38 cent.

58. **Vase.** — Très bel Œnochoé. Superbe patine vert clair.

Haut., 12 cent.

59. **Vase** — Œnochoé. Une tête d'enfant au haut de l'anse, et un masque de Silène au bas. Très belle pièce bien intacte.

Haut., 17 cent.

60. **Deux coupes** à deux anses très bien conservées et d'une forme très élégante. Belle patine.

Haut., 6 cent.; diam., 17 cent., les anses comprises.

60 bis. **Statuette.** Hercule nu, debout, la tête ceinte de la *taenia*? Cette belle figure devait tenir la massue et l'arc.

Haut., 15 cent.

61. **Statuette.** — Buste à mi-corps d'un suivant de Bacchus, portant la main droite à la tête, relevant de la gauche son vêtement rempli de fruits. Jolie statuette trouvée à Sparte.

Haut., 11 cent.

62. **Anse de vase** formée d'une Vénus pudique, debout sur une tête échevelée et barbue du plus beau style. A cette anse est adossé un buste de femme et deux têtes de lévrier qui ornaient l'orifice du vase; pièce très remarquable; la patine est d'un vert clair très luisant.

Haut., 21 cent.; larg., 18 cent.

63. **Statuette.** — Amour ou génie funèbre, la tête regardant le

ciel; il devait tenir **une** torche dans la main droite levée.
Travail romain.

Haut., 11 cent.

64. Vénus pudique, diadémée, debout; manque le bas de la
jambe gauche; bon travail romain.

Haut., avec sa base antique, 14 cent.

65. Statuette. — Petite Victoire ailée posée sur un globe; elle
tient une couronne dans la droite levée. Travail romain.

Haut., 5 cent.

66. Tête nue et barbue. — Cette tête devait être placée sur une
statuette dont le corps était en marbre. Très beau travail
romain.

Haut., 4 cent.

67. Statuette. — Hercule debout, sa massue sur l'épaule.
Manquent le bras droit et les deux pieds. Travail romain

Haut., 8 cent.

68. Statuette. — Diane marchant. Manque la main gauche.
Travail romain.

Haut., 7 cent.

69. Chien debout, à gauche. Nord de l'Italie, travail rude.
Manque une des pattes.

Haut., 10 cent.

70. Applique d'un siège ou d'un trépied. — Buste d'un jeune
bacchant, la tête ornée de lierre.

Haut., 15 cent.

71. Buste d'un jeune Romain, avec un collier auquel est sus-
pendue la *Bulla*. Trouvé à Paestum.

Haut., 10 cent.

72. Statuette. — Paris debout, tenant une pomme et le *Pedum*.

Statuette curieuse par son costume qui est très compliqué et fait avec le plus grand détail. Asie Mineure.

Haut., y compris le socle antique, 22 cent.

73. Satyre ithyphallique sur un taureau, dont trois jambes manquent. Cette curieuse statuette a été publiée et gravée dans l'ouvrage de Caylus.

Haut., 8 cent.

74. Tête de sanglier. — Travail gallo-romain de la bonne époque.

Haut., 6 cent.

75. Statuette de Mercure assis, la main droite posée sur la cuisse, le bras gauche manque. Statuette gallo-romaine d'une dimension rare; le style en est très beau.

Haut., 21 cent.

76. Poids antique. — Buste lauré d'un empereur romain (Caracalla?).

Haut., 10 cent.

77. Buste lauré de l'empereur Julien II. — Cuirasse très orne-mentée, avec une tête de Méduse, le paludamentum sur l'épaule. Les bronzes, représentant des empereurs, sont toujours rares et ceux de cette époque manquent dans la plupart des musées. Le travail est d'une grande finesse et le style est très bon pour l'époque.

Haut., 18 cent.

ll. — Marbres

MARBRES GRECS ET ROMAINS

78. **Tête cornue du dieu Pan.** — Très belle pièce d'un grand
style. Jaune antique.
Haut., 22 cent.

79. **Tête très jeune de Bacchus indien, beau marbre blanc.**
Haut., 17 cent.

80. **Tête de face ou plutôt masque d'une figure légèrement
barbue, ayant le caractère des têtes du soleil figurées sur
les monnaies anciennes de Rhodes.**
Haut., 25 cent.

Cette superbe face devait être placée dans une embrasure
au fond d'un temple ; elle est en albâtre oriental, très
transparent, la lumière venant du dehors, lui donnait un
caractère extraordinaire.
Haut., 95 cent.

80 bis. **Tête de jeune esclave, la tête ceinte d'un lien. Le nez
manque. Marbre blanc. Asie Mineure, Chypre ?**
Haut., 15 cent.

81. *Plaque*. **Tête cornue de Pan à droite. Au revers, tête de
griffon à droite, marbre blanc d'Asie Mineure. Beau travail.**
Haut. et larg., 19 cent.

82. **Tête de jeune fille, ceinte d'un lien.** — Superbe marbre
blanc admirablement conservé.
Haut., 12 cent.

83. Tête de femme (peut-être Aréthuse) avec un double bandeau sur le front; marbre blanc d'un très beau style.
Haut., 15 cent.

84. Statuette. Vénus nue, debout, les deux mains élevées à la
hauteur du visage, sans doute pour poser un diadème
autour de son front.
Haut., 47 cent.
Cette curieuse statuette, très rare de cette dimension,
en marbre blanc, provient de la Malmaison; elle a été
gravée (1).

85. Tête casquée d'un jeune guerrier. La tête de lion et les
deux ailes surmontant le casque sont restaurées. Marbre
blanc.
Haut., 20 cent.

86. Statuette. — Hercule debout, appuyé sur sa massue (Type
de l'hercule Farnèse). Jolie statuette en marbre blanc,
mais restaurée.
Haut., 23 cent.

87. Tête de jeune faune, les cheveux retenus par un lien.
Beau marbre blanc.
Haut., 24 cent.

88. Tête de Bacchante, couronnée de lierre. Le nez a été brisé.
Jaune antique.
Haut., 12 cent.

89. Statuette. — Bacchus jeune, couché sur un rocher sur lequel
est posée une peau de panthère, la main droite posée sur
la tête, et un thyrse dans la main gauche; derrière lui
une petite figure de jeune faune. Marbre blanc.
Long., 44 cent.; haut., 34 cent.

90. Tête de jeune homme, avec une longue chevelure. Beau
marbre blanc parfaitement conservé.
Haut., 20 cent.

(1) De Clarac. Musée de sculpt. ant. et mod., pl. DCXIX, n° 1390 (B).

91. Buste jeune, drapé, probablement Gordien III, César; beau marbre blanc en parfait état, avec son piédouche antique.

Haut., 33 cent.

III. — Pierres calcaires

92. Statuette égyptienne. — Figure assise et barbue, les deux bras croisés sur la poitrine; l'un tient le signe de la vie, l'autre un objet indéterminé. Il est complètement enveloppé dans un vêtement serré; derrière, une longue et belle inscription très curieuse finissant par ces mots : *Amen-Si, chef royal du tribunal des Trente.*

Haut., 40 cent.

93. Tête très archaïque de femme voilée, ornée d'un large collier formé de quatre rangs de perles et de grosses boucles d'oreilles; elle a été posée sur un fût de colonne sur lequel on lit : ΑΡΙΣΤΑΓΟΡΑΣ ΣΩΣΑΝΑΡΟΝ ΤΟΝ ΕΑΥΤΟΝ ΥΙΟΝ ΟΠΑΟΝΥ ΜΕΛΑΝΟΙΩ ΕΥΧΕΝ. Le sens des derniers mots de cette légende est difficile à expliquer. Nous croyons cependant avoir exactement lu cette inscription.

Haut. totale, 34 cent.

94. Tête de Bacchus indien, le front ceint d'une couronne de feuillage; très belle pièce en pierre calcaire, trouvée en Chypre.

Haut., 28 cent.

95. Figure couronnée de lierre, vue de trois quarts, à gauche; beau fragment provenant d'un bas-relief trouvé en Chypre.

Haut., 26 cent.

96. Tête de Pâris, coiffée du bonnet phrygien. Ile de Chypre.

Haut., 11 cent.

97. Tête jeune laurée (peut-être un des derniers rois d'Égypte en Chypre); pierre calcaire.

Haut., 14 cent.

98. Pied votif. — Posé sur une base; beau travail. Calcaire Chypriote.

Long., 20 cent.

---

lV. — Terres cuites

100. Tête barbue ornée d'un double diadème, d'une divinité chypriote. Très beau style d'époque primitive.

Haut., 23 cent.

101. Couvercle de réchaud ou antéfixe, dont l'extrémité est ornée d'une tête de Cérès; sur le demi-cercle formant tube, on voit des écailles faites à la pointe. Très beau et très ancien style, provenant de Rhodes

Long., 27 cent.; haut., 10 cent.

102. Tête casquée d'un guerrier chypriote. Très ancien style.

Haut., 23 cent.

103. Plaque haute de 0,23 cent. et de 0,30. Elle représente la reconnaissance d'Électre et d'Oreste. Électre est assise, accablée de douleur, au pied de la stèle qui surmonte le tombeau d'Agamemnon. Auprès d'elle, posée sur les degrés du monument, est l'œnochoé destinée aux libations qu'elle vient de verser sur les cendres de son père. Derrière elle, se tient debout sa sœur Chrysothemis;

à droite, Oreste debout ; derrière lui, Pylade le pédagogue et un des chevaux du char sur lequel Oreste et les deux autres personnages sont venus.

Ce superbe monument, d'un travail qui date du v⁰ siècle, est connu à trois exemplaires. Sur les deux autres, la figure d'Électre ne paraît pas aussi finement rendue. Cette plaque est renfermée dans un écrin ; elle a été publiée par M. A. Conze (*Anali de*, 1861. *Monuments*, vi, pl. 57), et par M. O. Rayet, dans le catalogue de sa vente, sous le n° 28.

104. Trois masques étrusques, de face, avec leurs couleurs ; ces masques ont du être appliqués sous des anses de grands vases.

Haut., 5 à 7 cent.

105. Diane, debout, vêtue de la courte tunique ; sur son bras droit replié, elle tient un lièvre et elle pose sa main gauche sur la tête d'une biche.

Dans le dos, au-dessous du trou d'évent, l'inscription : ΣΩΤΕΙΡΑ. Cette inscription a été gravée à la pointe sur la terre encore molle, avant la cuisson. Elle est d'une authenticité incontestable, et il est à peine besoin de faire remarquer quel intérêt elle donne à la figurine sur laquelle elle est tracée. Le surnom de Soteira était donné à Artémis dans beaucoup de parties de la Grèce et notamment à Syracuse.

Haut., 23 cent.

106. Torse de jeune homme. — Très beau fragment de statuette d'Asie Mineure.

Haut., 14 cent.

107. Tête de lion ayant dû servir de gargouille à l'ancien arsenal d'Athènes.

Haut., 17 cent.

108. Autre tête de lion, d'un caractère très différent, même provenance.

Haut., 17 cent.

Ces deux superbes pièces, d'un très grand caractère, pro-
viennent de la vente de M. O. Rayet, n°⁵ 104 et 105.
(Voir l'intéressante notice publiée par ce savant, dans
son Catalogue de la vente du 5 avril 1879.)

109. Autre tête de lion cornue, ayant également servi de gargouille, d'un travail plus rude.
Même époque, provenance inconnue.

Haut., 22 cent.

110. Plaque estampée. — Buste nu et diadémé de Vénus. Superbe terre cuite provenant des fouilles de Camiros (1).

Haut., 28 cent.

111. Plaque estampée. — Buste diadémé de Vénus? tenant
dans la main droite un œuf, dans la gauche un canthare;
très beau style.

Haut., 32 cent.

112. Plaque estampée. — Buste voilé de Cérès? tenant dans
chaque main une fleur peinte en rouge. Très beau style.
Même provenance.

Haut., 23 cent.

113. Plaque estampée. — Même figure, la tête diadémée ; d'un
très grand style.

Haut., 32 cent.

114. Fragment d'une plaque estampée. — Tête de femme avec
un grand diadème, les couleurs en partie conservées.
Très grand style.

Haut., 13 cent.

---

(1) Elle a été publiée par M. Fr. Lenormant, dans la *Gazette archéologique,*
année 1879, pl. 30.

115. Applique. — Tête de Bacchus indien, de face ; cette figure, d'un très beau style, devait être placée à côté d'une autre tête ; elles étaient reliées par deux gros anneaux de terre cuite placés au-dessus d'un diadème. Athènes ?

Haut., 25 cent.

116. Applique. — Tête de Bacchus indien, le diadème orné de fruits. Très beau style. Athènes ?

Haut., 12 cent.

117. Applique. — Tête barbue et diadémée.

Haut., 13 cent.

118. Gargouille ou goulot de fontaine, formé d'un masque scénique. Deux pièces variées pour les ornements de la tête.

Haut., 13 cent.

119. Chasseur rembûchant la bête. Il est barbu, vêtu d'une tunique rose à bordure jaune, et chaussé d'endromèdes. Sur son côté droit pend une besace. De la main gauche il retient son chien qu'il a saisi par la peau du cou. Son regard est dirigé vers la terre et semble chercher les traces du passage de l'animal poursuivi. Superbe groupe trouvé en Asie Mineure.

Haut., 17 cent.

120. Déesse debout, vêtue de la tunique et du disloïdion, et drapée dans un manteau. Sa tête est surmontée d'un diadème ; ses cheveux pendent en boucles sur les épaules. De sa main gauche elle retient son himation et elle étend sa main droite ouverte. Statuette d'un beau style. Attique ?

Haut., 21 cent.

120 bis. Buste voilé de Cérès. Fragment d'une très belle sta-

tuette de Cérès assise sur un siège, avec un dossier très élevé.

Haut., 10 cent.

121. Grand et superbe masque comique. Tête de faune, le front ceint de feuillages, de fruits, raisins, etc.

Haut., 12 cent.

122. Autre grand masque, également superbe. Tête de vieille femme d'une expression extraordinaire.

Haut., 12 cent.

Ces deux magnifiques pièces ont dû être trouvées dans l'Attique.

123. Masque comique, avec tête de vieille femme.

Haut., 8 cent.

124. Masque satirique, le front ceint d'une torsade.

Haut., 8 cent.

124 bis. Singe assis, tenant dans la main gauche une grappe de raisin.

Haut., 7 cent.

125. Statuette. — Apollon nu, la tête ceinte d'un diadème, tenant des deux mains un coffret fermé; les bras et une partie des jambes manquent.

Terre cuite d'Alcantara, de la belle époque gréco-égyptienne. (Collection Parent, 1re livraison, 1867, pl. II).

Haut., 31 cent.

126. Apollon, la tête couronnée, le corps nu, la chlamyde rejetée derrière le dos; il est debout, à côté d'une base carrée sur laquelle est le trépied prophétique; dans sa main droite pendante, est une Œnochoé. — Belle et curieuse figure.

Haut., 10 cent.

127. Lutteur enlevant de terre son ennemi et le serrant entre
ses bras. Le vaincu, perdant haleine et la tête tombante,
cherche à desserrer l'étreinte qui l'étouffe.

Haut., 11 cent.

128. Jeune femme debout, le corps portant sur la jambe
gauche, le poing gauche campé sur la hanche, le bras
droit replié et relevant l'himation sous lequel il est
caché. Sa tête nue est dressée, et le regard dirigé légèrement vers le haut.
Cette figurine, d'une grande noblesse d'attitude et d'un
modèle très large, provient de l'Égypte.

Haut., 30 cent.

129. Mercure nu, debout, le manteau sur le dos, appuyé sur
un bélier; il tient dans la gauche une corbeille remplie de pains, la droite appuyée sur un caducée; très
curieuse terre cuite d'Égypte.

Haut., 18 cent.

130. Tête d'Harpocrate, terre cuite d'Égypte.

Haut., 16 cent.

131. Tête jeune, entourée d'un gros bourrelet radié, ayant un
bandeau surmonté de deux cornes placé sur le front.
Terre cuite d'Égypte.

Haut., 14 cent.

132. Personnage grotesque (coureur) relevant sa chemise des
deux mains. Grande et magnifique statuette. — Pergame.

Haut., 23 cent.

133. Personnage grotesque, debout et nu, jouant de la double
flûte. L'instrument manque, mais la position des mains

et les deux trous visibles entre les lèvres expliquent clairement le sujet. — Pergame.

Haut., 16 cent.

133 bis. Jeune femme, embéguinée dans son himation, et marchant rapidement vers la gauche.

Haut., 10 cent.

134. Tête jeune et barbue (peut-être Hercule jeune) ; belle terre cuite.

Haut., 15 cent.

134 bis. Trois petites têtes de femmes. Très beau style. Asie Mineure.

135. Tête de Neptune de face ; fragment d'un bas-relief.

Haut., 10 cent.

136. Éros revêtu de la peau de lion d'Héraklès, et la massue dans la main gauche, debout auprès d'un groupe de rochers.

Haut., 11 cent.

137. Jeune femme debout, étroitement serrée dans sa calyptra, la tête levée, le regard dirigé en l'air.

Haut., 16 cent.

138. Jeune femme marchant, et portant sur son bras gauche un enfant. On peut y voir Déméter portant le jeune Démophon.

Haut., 15 cent.

139. Fragments d'Antéfixe, avec masque ou tête de jeune fille.

Haut., 10 cent.

140. Masque comique. — Tête de jeune homme.

Haut., 9 cent.

141. Deux masques ; la tête ceinte de lierre.

Haut., 8 cent.

141 bis. Vieille femme voilée assise, tenant un enfant au maillot sur les genoux.

Haut., 9 cent.

142. Tête voilée de jeune femme; terre cuite de Chypre.

Haut., 24 cent.

143. Tête diadémée de femme, même provenance.

Haut., 22 cent.

143 bis. Buste voilé et drapé de vieille femme.

Haut., 7 cent.

144. Applique. — Cavalier au galop, à gauche, le bras levé, devant frapper de sa lance un animal; beau travail de la grande Grèce.

Haut., 27 cent.

145. Jeune enfant, le corps nu, la chlamyde flottante derrière les épaules, courant vers la droite et traînant un petit char sur lequel est un jeune amour.

Haut., 11 cent.

146. Grand masque de face d'un acteur comique, pièce très rare et d'un beau style.

Haut., 21 cent.; larg., 21

147. Applique. — Tête barbue, recouverte d'un bonnet formé d'une peau d'animal ceinte d'un lien; travail barbare.

Haut., 12 cent.

148. Antéfixe. — Tête de taureau de face, le cou orné d'un collier. Provenant de la collection Durand.

Haut., 25 cent.

TERRES CUITES DE LA BEOTIE
ET LA LOCRIDE

149. Vénus debout, sur un piédestal rectangulaire ; elle est vêtue d'une double tunique, et drapée dans un voile (Calyptra) qu'elle entr'ouvre de la main droite, comme le faisaient les jeunes mariées lorsqu'elles se montraient pour la première fois aux parents de leurs époux, à la fin du festin des noces. Dans la main gauche relevée, elle tient un coffret à bijoux. Ses cheveux sont ondulés, et deux longues boucles tombent sur les épaules. Béotie.

Haut., 25 cent.

150. Ganymède, debout, le corps nu et peint en brun rouge, la chlamyde blanche tombant derrière les épaules. Son bras droit est abaissé ; et sur son bras gauche replié est posé un lièvre, animal consacré à Aphrodite et qui a ici une signification érotique. Locride opontienne. On trouve assez souvent en Locride et dans la Béotie orientale des statuettes de Ganymède, toujours extrêmement grossières, et tenant en général un coq. Celles qui tiennent un lièvre sont fort rares.

Haut., 26 cent.

151. Jeune femme debout, vêtue d'une tunique blanche et d'un himation bleu, dont la couleur ne subsiste que par place. Son bras gauche pend le long du corps, la main sort en partie de dessous le manteau, et l'index est étendu. Son bras gauche est relevé et la main ouverte. Sa tête est nue et sa chevelure redressée et serrée par un bandeau, est surmontée d'un nœud ou *crobylos*.

Cette figurine est d'une terre très dure, très calcaire, et dont le feu du four a émaillé la surface. Les terres de cette nature se trouvent du côté de Thisbé et sur la côte locrienne, entre Aulis et Oponte. Il est probable que c'est de ce dernier district que provient la figurine. La pose, d'une élégance un peu recherchée, l'expression particulière de la figure et surtout l'arrangement curieux de la coiffure, rappellent, en effet, les figurines, en très petit nombre, trouvées à Aulis.

Haut., 26 cent.

152. Jeune fille debout, sur un socle carré. Sa tête est nue, et ses cheveux réunis en nœud ou *crobylos*, sur le sommet du crâne. De la main gauche elle tient une grappe de raisin, et en même temps relève sa tunique de Vénus ; dans le pli ainsi formé, on aperçoit des fruits. Son bras droit, nu, est étendu, et dans la main est encore un fruit.

Haut., 22 cent.

153. Jeune femme debout, le front surmonté d'un *ampyx*, vêtue d'une tunique bleue et drapée dans un himation bleu qui passe par-dessus sa tête, recouvre son front, et ne laisse visible qu'une partie du visage, conformément à la mode des femmes thébaines (Béotie).

Haut., 19 cent.

154. Enfant debout, drapé dans une chlaina jaune, et une couronne sur la tête. Les couleurs sont très bien conservées.

Haut., 15 cent.

155. Proserpine debout, la tête diadémée, la chevelure tressée tombant sur les épaules. Elle porte la main droite à son

3

sein, geste qui symbolise la fécondité et qui, par suite, convient aux divinités de la terre de Béotie.

Haut., 37 cent.

156. Danseuse, enveloppée dans un long voile qui la couvre toute entière, et dans son mouvement rapide fait onduler l'extrémité inférieure. Elle a le poing gauche sur la hanche, le bras droit relevé et la main grande ouverte (Béotie).

On trouve assez souvent en Béotie des figurines de danseuses. Il est évident qu'elles ont un sens religieux, mais jusqu'à présent personne n'a pu découvrir lequel. — Celle-ci est une des plus jolies.

Haut., 24 cent.

157. Personnage grotesque, debout, le crâne chauve, la bouche rieuse. Il est drapé dans une toge bleue.

Haut., 17 cent.

158. Nain grotesque, marchant vivement vers la gauche, et portant sur ses épaules un sac qu'il maintient avec la main gauche.

Haut., 16 cent.

159. Homme à larges oreilles rondes drapé dans une toge. A côté de lui, un Pan ithyphallique.

Cette pièce a été restaurée

Haut., 15 cent.

160. Pan, debout, la chlamyde sur l'épaule gauche, le corps entièrement nu. Son bras droit est abaissé, son bras gauche relevé, et la main tient la racine d'arbre qui sert au dieu de massue. Les cheveux et la longue barbe sont blancs, les carnations du visage et du torse roses,

les jambes velues, brunes, les cornes et les pieds fendus,
d'un rouge très vif.

Locride opontienne.

Très bon style.

Haut., 27 cent.

161. Pan, dans la même attitude que le précédent, mais les
couleurs sont moins vives (Locride).

Beau style.

Haut., 23 cent.

162. Vieille femme, debout, portant sur son bras gauche un
enfant vêtu d'une longue tunique et coiffé d'un *pilos*
pointu. On peut y voir une caricature de Déméter,
nourrice de Démophon à Éleusis (Locride).

Pièce très curieuse.

Haut., 13 cent.

STATUETTES DE TANAGRA

163. Vénus, agenouillée devant la coquille d'où elle vient de
sortir. Les pieds sont posés sur une sorte de cône peint
en bleu, qui représente le bouillonnement des flots de la
mer. Sur sa tête est un diadème, et dans sa main gauche
un miroir dans lequel elle se regarde. Charmante figure
d'une remarquable finesse.

Haut., 16 cent.

164. Deux amours les ailes éployées. Un trou de petite dimension placé dans le dos, indique qu'ils étaient suspendus.
Ils sont vêtus de courtes chlamydes qu'ils relèvent de
leurs deux mains. L'un d'eux a la tête entourée d'une

couronne, l'autre a des feuilles et des fleurs d'iris entre-
mêlés à ses cheveux.Les figures sont très fines et les
couleurs remarquablement conservées.

Haut., 10 cent.

165. Jeune homme, debout, appuyé sur un cippe gris, il porte
le costume de guerre, longue chlamyde blanche agra-
fée sur l'épaule droite, cuirasse et tunique rouge. Ses
pieds sont chaussés d'endromèdes brunes. Son bras
gauche est replié, le droit abaissé et le bord de la chlamyde enroulé autour de la main. La tête est nue.

Cette figurine, beaucoup plus belle que ne le sont d'ordinaire celles qui représentent des hommes, est dans un
état de conservation remarquable. Elle n'a pas une cas-
sure, et les couleurs qui, par une exception fort rare,
ont passé au feu, ont gardé tout leur éclat.

Haut., 24 cent.

166. Silène, le corps nu ; la peau de bouc qui lui sert de manteau, flottant derrière le dos ; un thyrse (brisé), dans la
main droite, entraînant une bacchante autour de la taille
de laquelle il passe son bras gauche. La bacchante, vêtue
d'une tunique courte et chaussée d'endromèdes, a son
bras droit sur l'épaule de son ravisseur et tient dans la
main droite le bâton décoré de feuillages appelé *bacchos*,
et dans la main gauche une corne d'abondance remplie
de fleurs et de fruits. Le groupe, traité en haut-relief,
est porté sur une plinthe rectangulaire décorée de mou-
lures. Nombreux restes de couleur.

Le même sujet existe, en dimension beaucoup plus petite,
et quelques parties cassées, sur une boîte de miroir de

Corinthe. Ce n'est pas le seul exemple de la répétition du même motif par des artistes différents.

Haut., 21 cent.

167. Jeune femme assise sur un rocher. Sa tunique blanche, au fin tissu, aux plis nombreux, s'est dégrafée du côté gauche et laisse à découvert l'épaule et le sein. Son manteau rose est posé sur ses jambes. Dans sa main droite, abaissée et appuyée sur le rocher, elle tient un sac à jouets; elle lève son bras droit, et le rejetant un peu en arrière, par un mouvement plein de souplesse et de grâce, elle semble se placer à la bonne distance pour regarder en pleine lumière un objet (aujourd'hui manquant) qu'elle tenait à la main. Très belle statuette très rare pour la pose.

Haut., 18 cent.

168. Jeune femme, le pied droit en avant, dans l'attitude d'une marche lente. Elle est vêtue d'une tunique bleu clair, et drapée dans un himation rose qu'elle porte en écharpe autour des hanches et du bras gauche, et qu'elle retient de la main droite. Sa tête, d'une expression douce et gracieuse, est légèrement inclinée vers la gauche. Ses cheveux sont retenus par un diadème. A son bras droit nu est passé un bracelet doré (ἀμφιδέα). Très belle statuette, la tête très fine.

Haut., 28 cent.

169. Jeune femme debout, vêtue d'une tunique rose, décorée en bas de trois bandes bleues, et drapée dans un himation blanc, qui passe au-dessus de sa tête, embéguine son visage, et cache sa bouche. Son bras droit est replié sur la poitrine, en dessous du manteau. Son bras

gauche est relevé ; et dans la main est un masque comique. Très belle statuette.

Haut., 28 cent.

170. Femme debout, enveloppée dans un himation rose à bordure noire, drapé de manière à former voile sur sa tête. Son bras droit est replié et caché sous le manteau, son bras gauche est pendant. Très belle statuette.

Haut., 33 cent.

171. Jeune femme debout, le corps portant sur la jambe droite, la gauche légèrement infléchie. Elle est vêtue d'une tunique blanche à manches, et drapée dans un himation rose qui passe sur le sommet de son crâne et embéguine son visage. Elle appuie sa tête sur sa main droite, et lève les yeux au ciel, avec une ravissante expression de calme et douce mélancolie.

Haut., 19 cent.

172. Jeune femme, assise à gauche, sur un rocher. Ses cheveux sont retenus sous un diadème. Son himation rose est posé sur l'épaule gauche, passe derrière le dos, et revient en avant sur les cuisses, laissant le torse et le bras droit à découvert. Dans la main droite abaissé est le sac où l'on mettait les jouets, balles, jonchets, dés, etc. Très belle statuette.

Haut., 18 cent.

173. Jeune femme assise à gauche, sur un rocher. Elle est vêtue d'une tunique blanche, et d'un court manteau rose, et a la tête nue. Très belle statuette.

Haut., 15 cent.

174. Jeune femme debout, le poing droit sur la hanche, le bras

gauche replié, en relevant l'himation. Elle s'est drapée
de manière à avoir la tête voilée. Charmante statuette
parfaitement drapée, la tête très fine.

Haut., 13 cent.

175. Jeune homme assis sur un rocher, la tête couronnée, le
corps étroitement enveloppé dans la chlamyde. A côté
de lui, sur le rocher, une espèce de Priape à peine
dégrossi. Charmante statuette d'une très grande finesse.

Haut., 13 cent.

176. Silène nu, à oreilles animales, marchant vers la gauche
et portant sur ses épaules une jeune femme, qu'il soutient en entourant des deux mains son genou gauche
Très beau groupe, très fin de travail.

Haut., 12 cent.

177. Silène assis sur un rocher; il est entièrement nu, appuie
sa main droite sur la pierre, laisse tomber la gauche
sur la cuisse, et se repose. Très belle figure.

Haut., 13 cent.

178. Éphèbe assis sur un rocher : il est coiffé d'un large
pétasos, et vêtu d'une courte tunique blanche et d'une
chlamyde rose. Ses pieds sont chaussés de sandales
retenues par des lacets bruns qui montent jusqu'à mi-
jambes. Dans la main droite il tenait un objet aujour-
d'hui manquant. Les couleurs sont fort bien conservées.
Très belle statuette.

Haut., 20 cent.

179. Jeune femme debout, le corps portant sur la jambe gauche.
Elle est drapée dans un himation sous lequel ses bras
restent cachés, et tient dans sa main gauche un éventail.

Sa tête nue est légèrement tournée vers la droite. Belle figure, parfaitement drapée.

Haut., 30 cent.

180. Jeune femme debout, drapée dans un himation dont elle rassemble et relève le bord dans sa main gauche. Son bras droit, nu, est replié, et dans la main est une balle. Autour de sa tête est une couronne, et ses cheveux descendent en boucles sur ses épaules. C'est là un genre de coiffure qui, au IVe et au IIIe siècle n'était à la mode que chez les femmes légères. Très belle et rare statuette.

Haut., 29 cent.

180 bis. Vieille femme assise sur une base carrée, tenant un jeune enfant couché sur ses genoux. Très belle statuette.

Haut., 11 cent.

181. Jeune femme debout, vêtue d'une tunique, son himation rejeté derrière le dos et s'enroulant autour de l'avant-bras droit. Son poing gauche est posé sur la hanche, sa main droite abaissée, tient un éventail; dans ses cheveux sont implantées des feuilles et des fleurs.

Haut., 21 cent.

182. Jeune femme debout, la tête nue, les cheveux ramenés en chignon derrière la nuque, le corps vêtu d'une tunique rose et d'une calyptra bleue, étroitement drapée, et sous laquelle les bras restent cachés.

Haut., 20 cent.

183. Jeune femme debout, se cambrant de manière à faire saillir sa hanche gauche, sur laquelle elle appuie la

main. Son himation est rose et sa tunique bleue. Belle statuette.

Haut., 18 cent.

184. Jeune femme debout, vêtue d'une tunique blanche et d'une calyptra rose, la tête nue et les cheveux retenus par un diadème doré. Elle se détourne légèrement vers la gauche, et de son bras droit, ramené sur la poitrine, tire et fait tendre sa calyptra. La base est moderne, très belle statuette.

Haut., 20 cent.

185. Jeune enfant vêtu d'une courte tunique et la tête couronnée. Il est assis sur un rocher, les jambes écartées, le bras droit replié sur la poitrine, et semble se rejeter en arrière pour éviter quelque chose dont l'approche l'inquiète : comme une vague qui viendrait déferler jusqu'à ses pieds, ou un chien qui japperait après lui. Charmante petite figure.

Haut., 11 cent.

186. Jeune homme debout, appuyant le coude droit sur le sommet d'un cippe carré; il a laissé tomber à terre derrière lui sa chlamyde, dont sa main gauche retient seulement l'extrémité, et son corps est entièrement nu. Autour de la tête est une couronne de feuillage et de fleurs, et dans sa main droite un strigile. Très belle statuette.

Haut., 23 cent.

187. Éphébe appuyé sur un cippe rond, sa tête est entourée d'une couronne, son torse nu, sa chlamyde rejetée sur les jambes; à la main droite il tient une de ces cages

cylindriques où les jeunes gens mettaient leurs cailles de combat.

Haut., 23 cent.

188. Éphébe appuyé sur un cippe. Son manteau est drapé de manière à laisser la poitrine découverte. Sur sa tête est une couronne ; à sa main gauche pend un vase à huile, et dans sa main droite relevée est un masque comique qu'il regarde attentivement.

Haut., 21 cent.

189. Jeune éphébe debout, appuyé sur un cippe, le torse nu, la draperie rejetée sur les jambes. A la main gauche il tient un masque comique.

Haut., 14 cent.

190. Éphébe debout, appuyé sur un cippe ; sa *chlaina* entr'ouverte, laisse la plus grande partie du corps à découvert. Sur sa tête est une couronne, et dans sa main gauche un oiseau.

Haut., 14 cent.

191. Jeune garçon vêtu d'une tunique, d'une chlamyde qu'il relève de la main gauche, et chaussé d'endromèdes. Il marche en faisant de grands pas et levant les pieds avec précaution, comme pour traverser un endroit fangeux. Très curieuse et très belle statuette.

Haut., 12 cent.

192. Enfant debout, accoudé sur un rocher, et les jambes croisées, il a la tête nue et est vêtu d'une longue *chlaina*. Très belle statuette.

Haut., 15 cent.

193. Jeune garçon debout, appuyé sur cippe carré ; il a la tête
couronnée de fleurs et de feuillages, et est drapé dans un
ample manteau qui laisse le torse à découvert. Nombreux
restes de couleurs. Jolie statuette.

Haut., 20 cent.

194. Jeune garçon, assis sur un rocher ; il s'enveloppe de la
chlamyde et a sur la tête une couronne. Très jolie statuette.

Haut., 14 cent.

195. Jeune garçon, assis sur un rocher ; il a posé derrière lui
sa chlamyde et est entièrement nu ; sur sa tête, un pétasos
à larges bords.

Haut., 14 cent.

196. Jeune garçon, la tête couronnée, les cheveux bouclés, la
chlamyde rejetée en arrière ; il est assis sur le dos d'un
cygne. Jolie et très curieuse statuette.

Haut., 13 cent.

197. Jeune garçon assis sur un rocher, la tête nue, le bras droit
posé sur la cuisse, le bras gauche sur la hanche. Très
jolie petite statuette.

Haut., 11 cent.

198. Une fillette assise sur un siège carré sans dossier ; à la main
droite pend sa balle, et sur sa main gauche est une
colombe qu'elle regarde en souriant.

Haut., 12 cent.

199. Femme debout ; son himation, formant voile sur sa tête,
est drapé de manière à laisser à découvert une partie de
la poitrine. Son bras droit est levé et la main ouverte.
Son bras gauche est replié à la hauteur de la taille et

tenait un objet aujourd'hui manquant, un éventail sans doute.

Haut., 33 cent.

200. Jeune femme debout, la poitrine à demi nue, tenant de la main droite levée à la hauteur du sein, une balle. Cette statuette a été brûlée.

Haut., 15 cent.

201. Jeune femme voilée, debout, les deux bras enveloppés dans son himation, jolie figure parfaitement drapée.

Haut., 19 cent.

202. Jeune femme debout, la tête couverte d'un chitôn, les deux bras enveloppés dans son himation, un éventail posé sur sa main gauche.

Haut., 20 cent.

203. Jeune femme debout, la coiffure très haute, le bras droit caché sous l'himation, relevant son vêtement de la gauche.

Haut., 11 cent.

204. Jeune homme en costume de guerre, tunique, cuirasse, et longue chlamyde ; sur la tête, un chapeau, à côté de lui un cippe, sur le sommet duquel il pose son coude gauche.

Haut., 25 cent.

205. Ephèbe, appuyé sur un cipppe carré. Son manteau, drapé autour des jambes, laisse le buste à nu. Dans sa main droite est une pomme qu'il semble s'apprêter à lancer, (on sait que lancer une pomme était une manière de déclarer son amour). Autour de sa tête est une couronne.

Haut., 28 cent.

206. Jeune Éphèbe, assis à gauche, sur un rocher. Il est vêtu
d'une chlamyde qu'il ramène de la main droite sur sa
cuisse, et coiffé d'un pétasos.

Haut., 16 cent.

207. Jeune garçon debout, drapé dans une longue *chlaina*,
l'épaule droite nue, un chapeau plat posé sur la tête.

Haut., 11 cent.

208. Jeune garçon assis sur un rocher, la tête couronnée,
jouant avec un chien de Mélite, qui pose ses pattes sur
sa main gauche et allonge le museau pour le lécher.

Haut., 13 cent.

209. Vieille femme, debout et nue, ses seins sont pendants, son
ventre informe; elle lève le bras droit, et pose sa main
sur le sommet de sa tête, et ramène son bras gauche par-
devant sa gorge. Le type du visage et la forme des yeux,
relevés comme ceux des Chinoises, indiquent que cette
caricature remonte au moins aux premières années du
vᵉ siècle, sinon à la fin du vıᵉ. La base appartient à
une autre figure, et les pieds sont refaits.

Haut., 13 cent.

210. Jeune fille debout, relevant de la main gauche son himation, tenant un éventail dans sa main droite abaissée, et
se penchant un peu vers la droite pour regarder à terre.

Haut., 16 cent.

210 bis. Tête de jeune fille les cheveux réunis en chignon sur
le derrière de la tête.

Haut., 9 cent.

211. Mascaron rond, provenant d'une applique d'anse de vase;

.buste drapé de Diane, de face. Superbe terre cuite de
la belle époque.

Diam., 4 cent.

212. Autre mascaron rond, fond de coupe, tête de Méduse de
face ; très beau style.

Diam., 5 cent.

V. — Vases peints.

213. *Canthare.* — Fond noir ; sur une large bande blanche,
figures peintes en noir. Ces personnages, d'un style très
beau, et primitif, au nombre de dix hommes et femmes,
exécutent une danse bachique des plus bizarres. Vase
très ancien de l'Attique, parfaitement intact.

Haut., 15 cent.

214. *Scyphos.* — Fond jaune, figures noires. Bacchus debout,
à gauche, tenant un rhyton et deux branches de vigne;
devant lui un satyre debout, jouant de la double flûte ;
derrière, un satyre dansant; tout le champ vide de cette
très belle et rare tasse à anse, est rempli par des
branches de vignes chargées de fruits.

Diam., 12 cent.; haut., 16 cent.

215. *Lecythos.* — Fond jaune, figures noires. Un pédotribe
barbu et drapé, tenant une baguette fourchue, vêtu d'une
tunique talaire. De chaque côté, un athlète nu et barbu,
tenant des baguettes, un autre personnage barbu jouant

de la double flûte; plusieurs inscriptions illisibles. Très
beau vase parfaitement conservé.

Haut., 23 cent.

216. *Cylix.* — Peintures rouges sur fond noir.

Intérieur. — Un roi âgé, à cheveux blancs, peut-être
Pélée, assis sur un trône et tourné à gauche, tient d'une
main un sceptre et de l'autre une phiale ; il est vêtu
d'un chitôn talaire et d'un ample manteau. Devant lui
se présente debout, une jeune fille, que l'inscription dé-
signe par le nom de *Briséis*, ΒΡΙΣΕΕΣ (*sic*, de droite à
gauche). Cette jeune fille est vêtue d'un chitôn talaire et
d'un himation ; une stéphané orne sa tête; elle relève la
main gauche, et de la droite tient une œnochoé, avec
laquelle elle verse à boire au vieux roi. Au-dessus de ce
groupe, sont suspendus une épée et un bouclier argien
qui a pour épisème un mulet peint en noir.

Extérieur. — Chaque côté de la cylix est décoré à l'extérieur de deux scènes qui se rapportent à la guerre de
Troie et au massacre de la famille de Priam. D'un côté
on voit au centre *Priam*, ΓΡΙΑΜ... à cheveux blancs,
assis sur l'autel de Zeus Hercéios, ayant son sceptre appuyé contre son épaule droite ; il est vêtu d'un chitôn
talaire et d'un ample manteau; étendant les deux mains,
il implore la pitié de *Néoptolème*, ΝΕΟΓΤΟΛ... armé de
toutes pièces, et qui est sur le point de lancer à la tête
du vieillard un de ses petits-fils qu'il a saisi par une de
ses jambes. L'épisème du bouclier de *Néoptolème* est un
lion rugissant, peint en noir. Derrière l'autel, à gauche,
est un trépied. Ensuite, dans un autre groupe, à gauche
également, on voit derrière Priam, *Acamas*, ΑΚΑΜΑ (de
droite a gauche) qui emmène *Polyxène*, ΠΟΥΥΧΣΕΝΕ

pour être immolée aux mânes d'Achille. La jeune fille retourne la tête du côté de Priam ; elle a pour costume un chitôn talaire et un péplos. *Acamas* est représenté armé de toutes pièces. L'épisème de son bouclier argien est un serpent peint en noir.

Revers. — *Andromachos*, A...OMAXOΣ renversé par terre par un jeune héros, OΓΣIME (*Opsimédès ?*) se débat contre lui. A droite *Andromaque*, ANΔPOMAXE (de droite à gauche) va frapper le héros avec une pièce de bois ou lourd pilon, arme qui se retrouve dans les mains d'une femme, sur le célèbre vase Vivenzio, du musée de Naples. A droite on voit *Astyanax*, AΣTΥANAXΣ (de droite à gauche), qui retournant la tête vers le groupe de carnage, s'enfuit. A gauche, une jeune fille effrayée prend également la fuite. Plus loin, à gauche, est un autre groupe de deux combattants ; l'un est terrassé et renversé par terre. Le vainqueur est armé de toutes pièces ; sur son bouclier argien est un serpent peint en noir.

Le nom de BPΥΛOΣ, *Brygos*, est tracé en noir sur une des anses. Plusieurs des ornements portent encore des traces de dorure.

Cette magnifique coupe, une des merveilles de l'art grec du v⁰ siècle avant l'ère chrétienne, a fourni à M. le professeur H. Heyde, l'occasion de publier un savant travail intitulé *Iliupersis*. Berlin, 1866, in-4°. Les peintures sont publiées en couleur, l'intérieur réduit à la moitié, l'extérieur aux cinq sixièmes de l'original. Cf. H. Brunn *Grechische Kunstler*, t. 11, p., 665 ; J. de Witte, *Revue de philologie*, t. 11, p. 398 et 399. C'est M. Heydemann qui a proposé de donner le nom de *Pélée* au vieux roi peint à l'intérieur de la coupe ; c'est aussi **M**. Heydemann qui a reconnu dans l'arme avec laquelle frappe *Andromaque*, un pilon (ὕπερος, τριβεῦς). Cf. **J**. de Witte. *Comptes rendus* de *l'Académie des inscriptions et belles-lettres*, 1866, p. 413 et suiv. Quant au nom de l'artiste Βρυγος, que l'on lisait Βρῦλος, c'est Ph. Le Bas qui, le premier, a reconnu la véritable leçon. Voy. **J**. de Witte, *Annales de l'Inst. arch.* 1856, p. 86. On peut consulter sur les vases peints qui portent la signature de Brygos, l'intéressant travail de **M**. le professeur L. Urlichs, *Der Vascnmaler Brygos*, travail Brygos Würzbourg, 1875, in-folio.

217. *Cylix.* — Fond noir, figures rouges, intérieur. — Bacchus couché, découvrant Ariadne vue à mi-corps et endormie, extérieur. Deux scènes composées chacune de quatre personnages bachiques. — Belle coupe d'un dessin très pur et d'un beau style.

Diam., 26 cent.; haut., 10 cent.

218. *Aryballos.* — Figures rouges, fond noir. L'Amour agenouillé, peint en blanc, placé entre un éphèbe et une jeune fille, cette dernière recouverte d'une croûte de calcaire; dessin et relief. Traces de dorures. Athènes?

Haut., 10 cent.

219. *Amphore.* — Figures rouges, fond noir surmonté d'un col très élevé; au centre une stèle peinte en blanc, à droite un éphèbe montant sur les degrés de la stèle ; il est coiffé d'un chapeau plat et vêtu d'un beau costume blanc, la main gauche appuyée sur une double lance ; la droite posée sur son genou ; à gauche, une jeune fille

4

debout, portant une grande corbeille entourée de rubans blancs, et un alabastrum. Derrière ces deux principaux personnages, six autres figures, debout, hommes et femmes, dont deux vieillards. Sur le haut du col, d'un côté, un vieillard lauré, debout, avec la barbe et les cheveux blancs; il est appuyé sur un bâton ; de l'autre côté, un jeune homme, debout, entièrement enveloppé dans sa tunique. — Vase de l'Attique, rare et curieux.

Haut., 69 cent.

220. *Stamnos*, avec son couvercle, fond noir figures rouges; au centre, Vénus debout, tenant dans la main gauche l'Amour accroupi; des deux côtés, deux jeunes femmes apportant des présents ; derrière ces femmes, deux génies féminins ailés, apportant un *alabastrum*.

Haut., 21 cent.

221. Vase forme de Canthare, fond noir, ornements rouges, et au centre, sous un aedicule peint en blanc, un Silène debout, peint en blanc et jaune.

Haut., 32 cent.

LECYTHOS BLANCS D'ATHÈNES

222. Lecythos. — Lecythos blanc, Athènes, avec dessin au trait à fond blanc. Offrande funèbre, au centre une stella qui surmonte un tombeau devant un jeune homme drapé; à droite, une jeune fille assise offre une couronne au personnage précédemment décrit. A gauche, un jeune guerrier en costume de guerre, tenant une double lance.

Ce vase, d'une extrême beauté, est peint en diverses couleurs bien conservées.

Haut., 32 cent.

223. Au centre une stèle; deux jeunes femmes debout : celle de
droite a un pied posé sur la base de la stèle; celle de
gauche apporte une corbeille fermée, entourée de
couronnes rouges.
Les deux personnages sont finement dessinés, et les peintures, de diverses couleurs, sont bien conservées.

Haut., 30 cent.

224. Au centre une stèle, à droite un jeune homme vêtu d'une
tunique rouge ; à gauche, une jeune femme tenant une
large corbeille et déposant un alabastrum.

Haut., 27 cent.

225. Jeune fille et éphèbe debout près d'une stèle.

Haut., 29 cent.

226. Jeune femme assise, tenant un flambeau ? en face, un jeune
homme nu, debout, lui tendant les deux bras.
Ce vase est très remarquable par la pureté et la conservation du dessin, qui n'est indiqué que par des traits.

Haut., 22 cent.

227. Offrande funèbre. — Au centre une stèle.
Une jeune fille et un jeune homme vêtu d'une chlamyde
rouge, et apportant une large corbeille dans laquelle on
aperçoit un alabastrum.

Haut., 27 cent.

228. Stèle près de laquelle s'approche d'un mouvement très
élégant une jeune fille drapée ; elle tient une corbeille
entourée de couronnes rouges et noires.

Ce vase est d'un dessin fin et bien conservé ; le mouvement de la femme est très naturel, la tête est particulièrement jolie.

Haut., 22 cent.

229. Jeune femme drapée, faisant des libations sur un autel. Vase bien conservé.

Haut., 22 cent.

230. Offrande funèbre. — A droite, une jeune femme drapée apporte une grande corbeille dans laquelle on remarque plusieurs vases de forme singulière ; à gauche un jeune homme nu, tenant une lyre.

Les personnages sont finement dessinés et le vase bien conservé.

Haut., 24 cent.

231. Offrande funèbre, au centre une stèle, de chaque côté une femme apportant des présents.

Haut., 26 cent.

232. Une autre stèle, à droite un jeune homme assis, dans l'attitude de la tristesse, à gauche une jeune femme apportant une large corbeille.

Haut., 30 cent.

233. Jeune femme déposant un alabastrum sur une stèle. Vase bien conservé.

Haut., 22 cent.

234. Personnage grotesque drapé, marchant à droite, se retournant à gauche.

Haut., 14 cent.

VASES AVEC RELIEFS, ETC.

235. *Œnochoé.* — Forme d'une tête de femme entourée de neuf fleurons en relief, traces de dorure.

Haut., 16 cent.

236. *Rhyton.* — Forme d'œnochoé, magnifique vase, formé d'une tête bachique entourée de feuilles de lierre; ce vase, du même style que les deux beaux masques n°ˢ 121 et 122, est d'une conservation irréprochable.

Haut., 14 cent.

237. *Rhyton.* — A long col et deux anses, formé d'une double tête de jeune femme. Beau style. Trouvé dans les environs d'Athènes.

Haut., 26 cent.

238. Vase forme d'œnochoé, sur la panse, une figurine représentant un petit génie nu, assis à terre, les jambes repliées sous lui, les cheveux longs et bouclés. Dans sa main gauche est une grappe de raisin. Athènes? Superbe vase d'un style des plus remarquables.

Haut., 11 cent.

239. Rhyton. Forme d'œnochoé à tête diadémée de femme. Très beau vase d'une dimension rare.

Haut., 33 cent.

240. Vase en forme d'œnochoé. Génie nu, couronné de feuillages, accroupi à terre et jouant avec un canard. Très joli petit vase, la figure d'un très beau style.

Haut., 9 cent.

241. Vase à panse, formé d'une tête de femme voilée. Le bord
du vase restauré.

Haut., 15 cent.

242. Vase de Camiros. Tête d'un guerrier sous un casque entièrement rabattu.

Haut., 11 cent.

242 bis. Même vase. — Le casque et les ornements coloriés.

Haut., 6 cent.

243. Petite amphore noire, cannelée et ornememts en creux.
Superbe vase de Camiros.

Haut., 18 cent.

244. 2 *Œnochoé*. — De forme très élégante, ornementation en
relief. Rare et très bien conservé.

Haut., 15 cent.

245. Vase à pied à fond noir, entouré d'une guirlande de lierre
très élégante et très légère; sous cette guirlande une
panthère poursuivant un oiseau.

Haut., 29 cent.

246. Petit vase de forme singulière, fond noir, ornements en
relief. Attique.

Haut., 11 cent.

VI. — Peintures à fresques

247. Jeune femme assise à gauche, sur une base posée sur une plinthe, avec ornements en relief. Très belle peinture trouvée à Herculanum ; le tout très bien encadré.

Haut., 24 cent.; long., 29 cent.

248. Bacchus assis à gauche, tenant un thyrse, et recevant des présents que lui apportent deux bacchantes. Derrière lui, un jeune bacchant et une bacchante debout.

Haut., 20 cent.; long., 53 cent.

249. Enfant. — Jeune fille avec des ailes de papillon, debout de face, posée sur le sommet d'un candélabre ; elle tient dans chaque main des branches fleuries, un oiseau posé sur chacune des branches.

Haut., 20 cent.; larg., 23 cent.

250. Figure nue (l'Aurore?), dans un quadrige au galop, à gauche.

Haut., 19 cent.; larg., 25 cent.

251. Jeune femme couchée à gauche, tenant de la main droite des branches de feuillages au-dessus de sa tête, la gauche appuyée sur un plat ou panier rempli de fruits.

Haut., 38 cent.; long., 37 cent.

252. Une autre fresque, la figure à mi-corps seulement. Même sujet, mais d'un meilleur travail d'art.

Haut., 18 cent.; larg., 19 cent.

253. Danseuse à demi nue, relevant sa robe de la main droite et
faisant voltiger son voile au-dessus de sa tête.

Haut., 30 cent.; larg., 24 cent.

25 1. Antilope couchée à droite.

Haut., 17 cent.; long., 25 cent.

VII. — Objets divers

255. Face égyptienne en bois, avec les yeux en émail. Cette
belle tête devait être appliquée sur une boîte de momie.

Haut., 21 cent.; larg., 19 cent.

256. Stèle funéraire égyptienne en os ou en ivoire. Au centre,
sous une voûte, on voit le mort sur son lit; au fond, sa
femme et un enfant debout; du côté gauche, en dehors
de la voûte, trois figures; du côté droit, des fragments
de deux autres figures.
Pièce très rare.

Haut., 13 cent.; larg., 19 cent.

VIII. — Pierres gravées

257. Personnage de la Renaissance, coiffé d'une sorte de bonnet
(Louis XI?). Pierre intéressante. — Camée. — Onyx
à trois couches.

258. Suivant de Bacchus, tenant d'une main un vase renversé
et de l'autre un thyrse. Sur le bras, une peau de panthère;
dans le champ, la légende ΠΕΡΓΑΜΟΥ. Jolie pierre très
fine, cornaline rouge, montée en bague.

259. Vénus à sa toilette; derrière, l'Amour. Pierre moderne finement gravée, cornaline rouge, montée en bague.

260. Petite tête de femme coiffée d'un réseau, dans un champ
très large. Pierre d'un beau style, sardoine, montée en
bague.

261. Trois têtes, sans doute les triumvirs Auguste, Marc-
Antoine et Lépide ; très beau labrador monté en bague.

262. Buste jeune, le front ceint d'un bandeau (peut-être un roi
de Mauritanie); cornaline rouge, montée en bague.

263. Buste de trois quarts de la ville de Rome, coiffée d'un
casque et vêtue d'une cuirasse et d'un bouclier. Jolie
petite pierre d'un charmant travail. Onyx à trois couches,
monté en bague.

264. L'Amour présentant un oiseau à un chien qu'il fait sauter.
Pierre finement gravée. Onyx à trois couches, monté
en bague.

265. Personnage romain. — Cornaline rouge, montée en bague.

266. Tête de femme de profil. Cornaline rouge, montée en
bague.

267. Très petit Esculape sur un bel onyx à trois couches,
monté en bague.

268. Jupiter Sérapis. Buste de face. Pierre bien gravée, cornaline rouge, montée en bague

269. Deux têtes de vieillard se regardant ; peut-être saint Pierre et saint Paul. Grenat taillé.

270. Buste d'homme de profil. Cornaline rouge, montée en bague.

271. Guerrier agenouillé. — Jolie gravure sur un scarabée en cornaline rouge, dans sa monture antique ; le scarabée est malheureusement fendu.

272. Mercure. — Joli petit jaspe rouge, monté en bague.

273. Minerve marchant. — Petite cornaline rouge, montée en bague d'une façon très élégante.

274. L'Amour. — Petit camée très fin : ΔΙΚΑΙΟΣ. Onyx à deux couches, monté en bague.

275. Tête d'homme barbu, peut-être Hadrien. Topaze montée en bague.

276. Bague antique en or, avec un petit châton onyx à trois couches.

277. Deux têtes d'homme et une tête d'éléphant. Jaspe vert monté en bague.

278. Chèvre. — Cornaline rouge et blanche, montée en bague.

279. Cerf. — Cornaline rouge montée en bague.

280. Truie et son petit. — Cornaline rouge montée en bague.

281. Tête de jeune Romain, les cheveux très frisés ; cornaline rouge.

282. Lion marchant à gauche. — Onyx à raies noires et blanches.

283. Pau assis, tenant un animal qu'il va mettre dans un grand
vase : APATOPΞI? Petite cornaline rouge.

284. Jeune homme tenant une patère et des épis.
Prime d'émeraude.

285. Personnage portant un vase, provient d'un scarabée. Cornaline rouge.

286. Jeune homme sacrifiant. — Prime d'émeraude.

287. Personnage portant deux grands vases.—Cornaline rouge.

288. Jeune fille tressant une couronne.— Cornaline rayée rouge
et blanche.

289. Pan dansant avec un bouc. — Cornaline rouge.

290. Cavalier. — Cornaline rouge.

291. Tête de Mars. — Nicolo.

292. Cheval paissant. — Onyx à trois couches.

293. Bacchus. — Sardoine rouge et blanche.

294. L'Amour. — Prime d'émeraude.

295. Personnage assis. — Sardoine.

296. Tête de face, très petite pierre. Prime d'émeraude.

297. Tête de profil, très petite pierre. Cornaline.

298. Jeune homme nu, tenant un sabre; très petite pierre. Prime
d'émeraude.

IX. — Objets de la Renaissance, etc.

299. Magnifique groupe en argent, attribué à Jean de Bologne.
La Flagellation. Le Christ debout, les mains liées derrière
le do.. ; il est attaché à une colonne ; de chaque côté, un
homme debout se disposant à frapper le Christ. Ces trois
figures, d'un travail d'art admirable, sont d'une conservation irréprochable.

Haut. des personnages, 23 cent.

300. Très beau Christ en argent, attaché à une colonne très
finement ciselée, attribué à B. Cellini.

Haut., 11 cent.

301. Croix bysantine en vermeil, très bien ciselée, renfermant
dix bas-reliefs de figures en bois, très finement sculptés;
la croix est ornée de cabochons de perles fines, etc.

Haut., 24 cent.

302. Croix en cristal de roche, renfermant un Christ en émail,
très finement ciselé; il est monté sur une croix de bois,
et les clous fixant le Christ sur la croix, sont en
brillants.

Haut., 7 cent.

303. Vase à parfums, formé d'un perroquet en émail translu-
cide, vert et rouge, le cou entouré d'un collier de pierres
précieuses. Il est perché sur une branche d'arbre qui a
pour base un morceau de cristal de roche gravé, placé
lui-même sur une base de bronze émaillée et garnie de

pierres précieuses; le tout renfermé dans un écrin
ancien.

Haut. totale, 12 cent.

304. Flacon en forme de baril, en cristal de roche finement
gravé; le bouchon représente une statuette de buveurs.
Le baril est supporté par deux statuettes en vermeil,
ornées d'émaux; le tout est posé sur une base également
en vermeil émaillé, qui pose à terre par quatre pieds
ornés de têtes.

Haut., 15 cent.

305. Coupe formée d'une coquille, que soutient un amour posé
sur un trépied, supporté par trois doubles griffes de lion;
le tout en argent.

Haut., 15 cent.

306. Autre coupe en cristal de roche, avec bord en vermeil
émaillé, représentant des fleurs à l'extérieur, et à l'intérieur un grand nombre de personnages empruntés à la
Mythologie. La coupe est soutenue par une cigogne de
forme très élégante, la base est aussi en cristal de roche,
et le pied en vermeil émaillé, représente comme le bord,
des fleurons et de nombreux personnages. Les émaux
sont d'une grande finesse et parfaitement conservés.

Haut., 15 cent.

307. Deux vases. Brûle-parfums? en porcelaine de Sèvres, pâte
tendre, fond bleu couleur turquoise, avec bouquets de
roses sur médaillons blancs; belle monture en bronze ciselé et doré.

Haut., 22 cent.

308. Tête en marbre blanc, d'un personnage à tête nue et barbu.

Cette belle tête, du temps des Médicis, devait faire partie d'un grand bas-relief. Très beau style.

Haut., 17 cent.

309. Bronze. Bacchus jeune, tenant une coupe et une grappe de raisins, posé sur une base carrée en bronze.

Haut., 15 cent.

310. Bronze. Femme nue, debout, le pied appuyé sur un dauphin.

Haut., 14 cent.

311. Plaque en fer, de la fin de la Renaissance; femme couchée à droite. Figure d'un style curieux, surtout pour la draperie.

Haut., 5 cent.; long., 8.

www.ingramcontent.com/pod-product-compliance
Ingram Content Group UK Ltd.
Pitfield, Milton Keynes, MK11 3LW, UK
UKHW031806170726
13836UKWH00003B/1217